Solo *piensa fuera de la caja.*

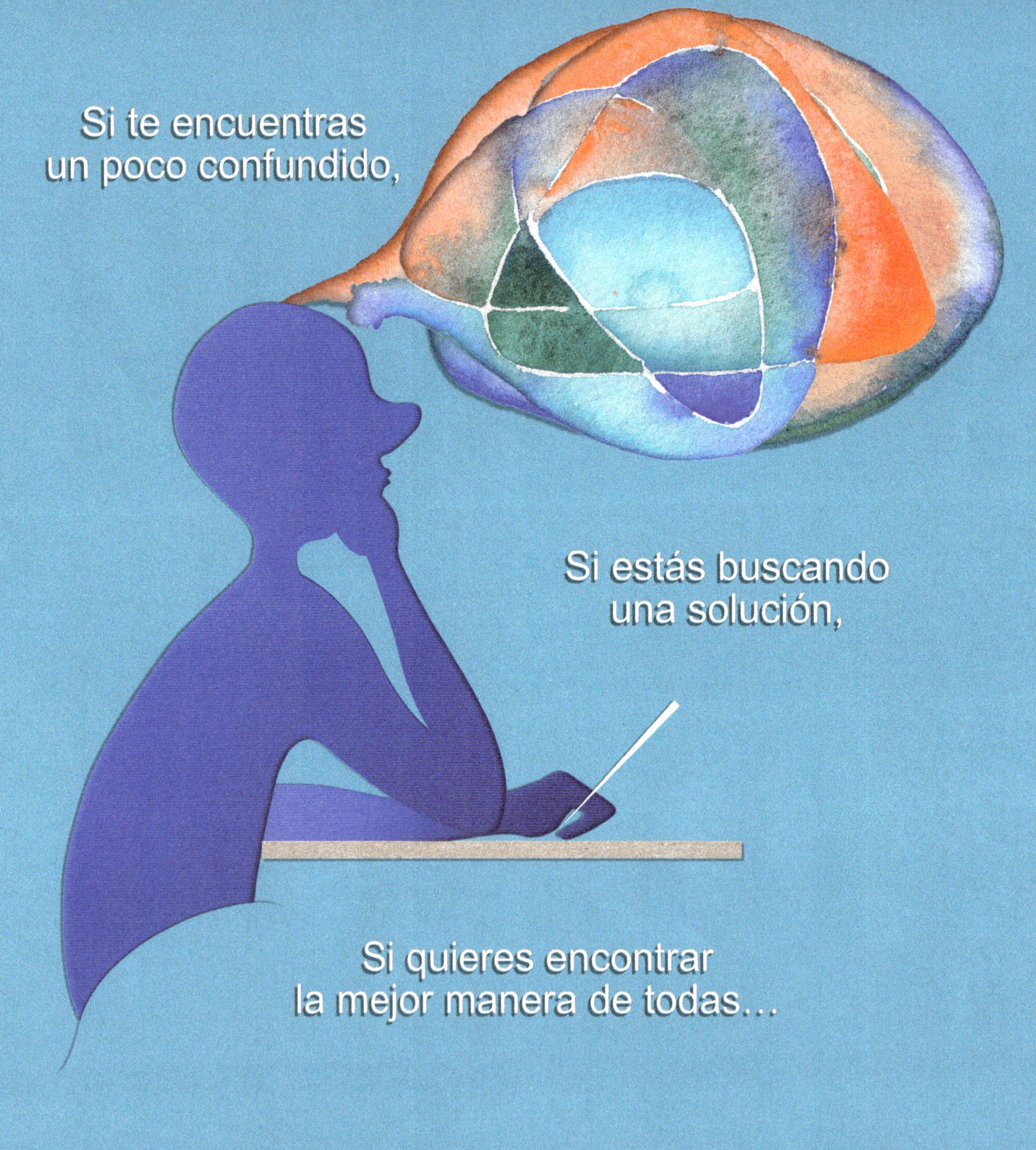

Solo *piensa fuera de la caja.*

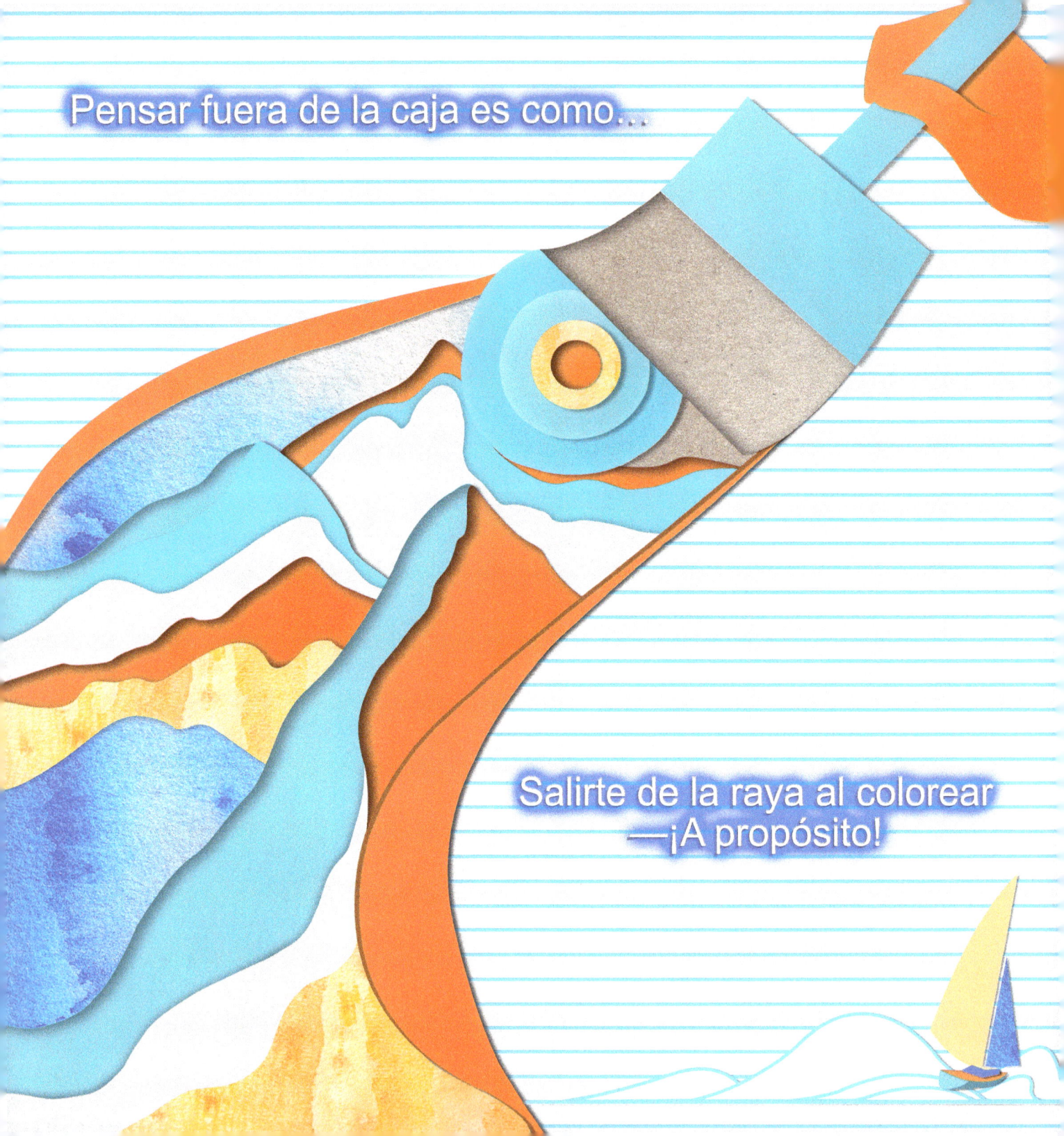

Es como tratar de correr una carrera lo más *lento*.

O comer un cono de un helado de abajo hacia arriba.

Es darse cuenta de los detalles que *nadie más* ve.

Es lo mismo que *reducir la velocidad*
—o incluso detenerse—
cuando todos los demás
están corriendo.

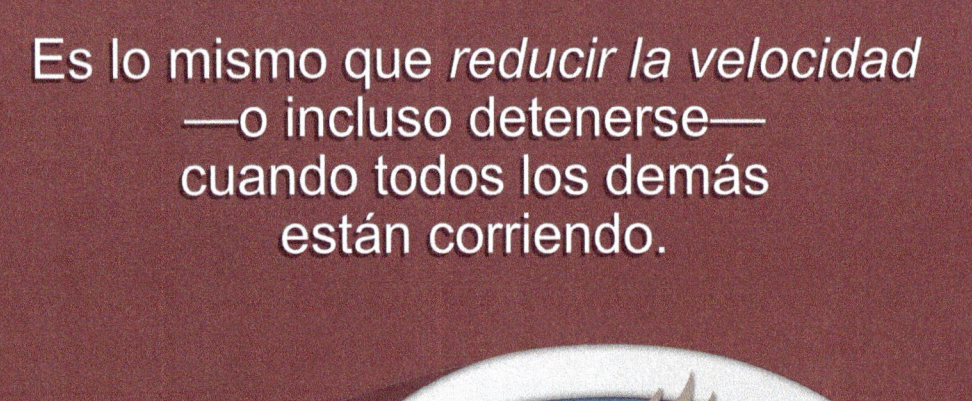

Puede que sea intentar algo nuevo que nunca habías hecho antes.

Porque ellos son igual de valiosos como cada vez que *haces las cosas bien.*

Para todos, en todas partes...
recuerda que la creatividad lo es todo.
Deja que la tuya te guíe.
—J.A.

Este libro está dedicado a mi abuela Nadine,
quien con su pensamiento positivo y original cambia
tantas vidas e inspira a la creatividad.
—L.S.

Justine Avery es una autora galardonada que ama escribir historias para todo tipo de lectores. Nació en Estados Unidos de América, pero creció, y sigue creciendo, en muchos lugares del mundo gracias a su naturaleza exploradora y a su curiosidad por todas las cosas. Justine ha brincado desde aviones, de puentes muy altos y a aguas infestadas de tiburones, por mencionar algunas de sus aventuras. Entre todas las aventuras, los libros son su aventura favorita.

Liuba Syrotiuk es una diseñadora y acuarelista ucraniana. Trabaja como diseñadora de interiores e ilustradora de acuarela. Liuba es una persona radiante y luminosa, dispuesta a encontrar la belleza en todo, especialmente en la naturaleza. Viajar alrededor del mundo con una pequeña caja de acuarelas la convierte en la persona más feliz.

Primera Edición Española
© 2021 Justine Avery
Ilustraciones: Liuba Syrotiuk
Todos los derechos reservados.

Publicado por primera vez
2020 de Suteki Creative

ISBN: 978-1-63882-066-6
ISBN: 978-1-63882-064-2 (libro eletronico)
ISBN: 978-1-63882-067-3 (pasta dura)
ISBN: 978-1-63882-069-7 (audio libro)

Pero por favor...
presta este libro con toda
libertad.

De acuerdo con la ley internacional de los derechos de autor,
esta publicación no puede ser copiada, copiada, duplicada,
reproducida, compartida, revendida, distribuida por ningún
medio, ya sea electrónico, mecánico, por fotocopia, por
grabación u otros métodos, sin el permiso previo
y por escrito del autor.

Es tuyo—te pertenece.
Aí que pásalo, préstalo,
cámbialo y recomiéndalo a
otros lectores. Los libros son
el mejor regalo.

www.ingramcontent.com/pod-product-compliance
Lightning Source LLC
Chambersburg PA
CBHW061116070526
44583CB00027B/3309